童眼识天下 科普馆

MAO SHENG DE YE CAO

茂盛的野草

童心○编绘

化学工业出版社

·北京·

编绘人员：

王艳娥　王迎春　康翠苹　崔　颖　王晓楠　姜　茵
李佳兴　丁　雪　李春颖　董维维　陈国锐　寇乾坤
王　冰　张玲玮　盛利强　边　悦　王　岩　李　笪
张云廷　陈宇婧　宋焱煊　赵　航　于冬晴　杨利荣
张　灿　李文达　吴朋超　曲直好　付亚娟　陈雨溪
刘聪俐　陈　楠　滕程伟　高　鹏　虞佳鑫

图书在版编目（CIP）数据

童眼识天下科普馆.茂盛的野草 / 童心编绘. —北京：
化学工业出版社，2017.9（2024.10重印）
　ISBN 978-7-122-30269-4

Ⅰ.①童…　Ⅱ.①童…　Ⅲ.①常识课 - 学前教育 -
教学参考资料　Ⅳ.①G613

中国版本图书馆 CIP 数据核字（2017）第 172998 号

项目策划：丁尚林　　　　　　　　　　　　　　责任校对：吴　静
责任编辑：隋权玲　　　　　　　　　　　　　　封面设计：刘丽华

出版发行：化学工业出版社(北京市东城区青年湖南街13号　邮政编码100011)
印　　装：北京建宏印刷有限公司
889mm×1194mm　1/20　印张4　2024年10月北京第1版第8次印刷

购书咨询：010-64518888　　　　　售后服务：010-64518899
网　　址：http://www.cip.com.cn
凡购买本书，如有缺损质量问题，本社销售中心负责调换。

定　　价：19.80元

想必你不会对"草"感到陌生，因为它们几乎随处可见。与高大结实的树木和美丽芬芳的花比起来，草好像貌不惊人，并不起眼。但它们的生命力非常顽强，"野火烧不尽，春风吹又生"就是对它们最好的赞扬。

草家族成员众多，而且每种草都有自己的特色："害羞""腼腆"的含羞草，受伤就会流"血"的血草，清爽宜人的薄荷，坚韧不拔的牛筋草，叶子像羽毛的翻白草……你是不是很惊讶？原来草也有这么多的花样！

草就是这样，常见而又不平凡。你想走进它们的世界瞧一瞧吗？那就赶紧翻开《茂盛的野草》一书，去认识那些不平凡的野草吧！

目录
CONTENTS

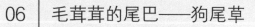

06

28

24

78

毛茸茸的尾巴——狗尾草

风儿吹过来，田野里一株株毛茸茸的草随着风摇摆起来，就像小狗摇尾巴。小朋友，你一定猜到了吧？那就是狗尾草。

毛茸茸的"尾巴"真可爱

狗尾草的"尾巴"长在茎秆末端，比茎秆要粗很多，长度为 2～15 厘米不等，或笔直挺立，或稍微弯曲，上面长着细小的毛，看起来就像小狗的尾巴。

睡一觉再发芽

狗尾草的种子成熟后会借助风力、水流等方式踏上寻找新沃土的征程，当它们选定了住所，就会停下来。它们会在漫长的冬季养足精神，为春季的萌发做准备。

不挑剔住所

　　狗尾草对环境的适应能力非常强，无论在干旱贫瘠的地方，还是在酸碱化的土地上，它们都可以生根发芽。如果到了肥沃的田地，它们就能更茁壮生长了，甚至会抢占农作物的生长空间和营养物质，成为让人讨厌的杂草。

会害羞的含羞草

一株含羞草正舒展叶片悠然地享受日光浴，一只淘气的小蜜蜂飞过来碰了它一下，含羞草立刻合拢了叶片，娇羞地低下了头。

别致的观赏草

含羞草外形美观，具有非常高的观赏价值。含羞草的茎秆纤细青翠，长着很多分枝和总叶柄。每条总叶柄上长着 4 片小叶，每片小叶的叶轴两侧都紧密排列着许多更细小的针状叶片，看起来像一片精致的翠绿羽毛。再加上绿叶丛间点缀着的一朵朵淡紫色、绒球一样的小花，含羞草更楚楚动人了。

会害羞的叶子

含羞草的叶子受到碰触后，会立刻从顶部开始合拢起来。触动的力量越大，叶片合拢的速度就越快。合拢的叶片会迅速垂下。由于这一特性，含羞草也被称作"知羞草""怕丑草"。

可以预报天气

通过长期的观察研究，人们发现，含羞草叶片的合拢情况与天气变化有关。当含羞草的叶子受到碰触后快速闭合，但重新展开很缓慢时，说明天气会一直晴朗；当含羞草的叶子受到碰触后缓慢地合拢，但在短时间内又展开时，说明要出现阴雨天气了。

叶子为什么会害羞?

实际上，含羞草受到碰触后合拢叶片不是害羞的表现，而是它们体内的肌动蛋白在起作用。肌动蛋白是一种特殊的蛋白质，控制着含羞草的细胞运动。当含羞草受到外界刺激时，肌动蛋白会使含羞草细胞内的水分跑出来，从而让细胞收缩，于是就出现了叶片的闭合运动。

合拢叶片有什么作用?

下雨的时候，当第一滴雨水落在含羞草的叶子上，含羞草就会立即合拢叶片，并且将叶柄下垂，这样可以减少风雨对它造成的伤害。此外，含羞草合拢叶片的行为还会让碰触到它的小动物吓一跳，小动物就不敢吃含羞草了。

果实像刺猬的苍耳

苍耳的种子是非常聪明的旅行家，它们成熟后会在茎秆上静静地等待时机，当有小动物从旁边经过时，就悄悄钩挂在小动物们的皮毛上，跟着小动物们到处周游，到远方安家落户。

苍耳长什么样?

苍耳高 20～90 厘米，它们的茎秆直立，很少有分支，茎秆顶端稍稍有不同程度的弯曲。苍耳的叶子是不规则的三角形，叶面稍微有些卷曲，看起来与杨树的叶子很像，但它们的叶柄比杨树叶子的要粗一些，并且会随着苍耳的成长由淡绿色逐渐变成褐色或深棕色。

像刺猬一样的果实

苍耳的果实叫苍耳子，外面长着很多尖刺，看起来就像在茎秆上睡懒觉的小刺猬。苍耳子的小尖刺不是抵抗敌人的武器，而是用来乘坐免费车的秘密工具，它们可以抓住小兔子、山羊等动物的绒毛，让苍耳子稳稳地粘在小动物身上，到远方旅行。

有毒

苍耳的茎秆、叶片、果实里含有多种对人体有害的物质，可以损害人的内脏。苍耳幼苗和果实的毒性最强，甚至会将人毒死。但是，苍耳子可以用来制作对付蚜虫的药剂，效果非常不错。

13

倔强的 牛筋草

在旷野和路边，有一种不起眼的杂草，它贴在地上，像被人踩踏过一样。但是，不要小瞧它，它可是杂草里有名的钉子户，想把它拔起来可是要费些力气。

倔强的杂草

牛筋草的根系非常发达，会深深地抓住土壤，它的茎秆则会贴着地面生长，使人们很难将它拔掉或者铲除。牛筋草的茎秆和花柄也非常结实，不容易被拉断，根据这一特性，人们还将这种草戏称为"钝刀驴"或"老驴拽"。

丛生的穗子

牛筋草的茎秆顶部会长出多条小穗子，那是它的花序。牛筋草的花序长3～10厘米，宽度只有5毫米左右，每条小穗子由更小的穗子组成。在那些微小的穗子里，牛筋草的种子正养精蓄锐呢！

穷人的防病草

聪明的古人发现，经常喝用牛筋草煎煮的水具有防疫、抗瘟病的神奇效果。于是，人们也将这种杂草称作"穷人的防病草"。

治感冒的良药——蟾蜍草

草地上生长着一种野草，它的叶子皱巴巴的，看起来一点都不美丽。但是，它却可以用来治疗感冒，效果还不错。这种神奇的野草就是蟾蜍草。

仔细观察它的叶子

蟾蜍草的叶子非常惹人注目，它们是长椭圆形的，上面分布着很多高低不平的突起物，背面还有金黄色的斑点，两面都长着细小柔软的毛。分布在蟾蜍草不同部位的叶子"性格"稍有不同：根部的叶子喜欢热闹，通常好多片簇拥在一起；茎秆上的叶子喜欢安静，一般成对出现，两片叶子分别位于茎秆的两侧，像一对手拉手的好伙伴。

独特的茎秆

蟾蜍草的茎秆是方形的，有4个明显的侧面。随着蟾蜍草的生长，它们的茎秆上长叶子的位置会长出分枝，分枝上还会继续长更小的叶子和分枝。

神奇的功效

蟾蜍草的叶子表面疙疙瘩瘩的，就像蟾蜍背上的皮。虽然模样不好看，但蟾蜍草却是颇有疗效的中药。如果咳嗽或咽喉肿痛，拿一把新鲜的蟾蜍草泡水喝或者直接咀嚼，病情很快就能好转。

水岸常客——芦苇

芦苇是水岸边最常见的植物，它们像一个个身姿挺拔的卫士，默默地守护着水岸。在它们的保卫下，水更清澈了，水岸边的环境更美了，水岸周围的小动物们也多了起来……

成群的芦苇丛

芦苇是一种多年生水生植物，高大挺拔。它们成丛地生长在湖边、河堤、沼泽地等水岸，经常会形成茂密的苇塘，甚至还会形成一望无垠的芦苇荡。风儿吹来，一丛丛芦苇随风摇曳，别有一番趣味。

芦苇叶

芦苇的叶子在茎秆两侧交错生长，排列成行。叶片长 15～45 厘米，整体质地柔软，在很久以前就被人们当作包粽子的天然材料。用新鲜芦苇叶包的粽子不仅口感极佳，还散发着芦苇独特的清香，让人回味无穷。

芦苇花

从夏季开始，芦苇就会逐渐绽开淡黄色或白色的花序。芦苇的花序长在茎秆顶端，长 10~40 厘米，由很多蓬松的小穗子组成，顶端稍稍弯曲向下，像一面面迎风招展的旗帜。当一大片芦苇全部绽开的时候，就会形成一片壮观的"白色海洋"。

强大的根系

芦苇有横向蔓延的根状茎。它们非常发达，甚至能在水面上形成厚厚的根状茎层，人和动物能够安全地在上面行走。芦苇的根状茎生命力非常顽强，可以长时间地储存在地下，只要条件适宜，它们就会长出新苗。

美味芦苇笋

　　芦苇笋可不是芦笋，而是野生芦苇的嫩芽。芦苇笋口感清脆、营养丰富，是不可多得的人间美味。但芦苇笋生长在湿地、淤泥等地方，只能靠人工采摘，采摘难度非常大，采摘时间也有限制，这让它们显得更加珍贵。不要担心采摘芦苇笋会影响芦苇丛的生长，因为这些芦苇笋像韭菜一样，被采摘后还可以长出新的嫩芽。

草丛里的星星——画眉草

秋天到了，画眉草长出了蓬松的穗子，一簇簇点缀在草丛里，有淡绿色的，有暗红色的，看起来很漂亮。

瞧瞧画眉草

画眉草喜欢温暖，经常成丛生长在阳光充足的田野、草地上。它们通常可以长到15～60厘米，但茎秆比小指还要纤细。这些茎秆非常光滑，上面长着细长柔软的叶子，顶端会长出蓬松的花序。

优良的牧草

画眉草茎秆柔软，蛋白质含量较高，对于食草的小动物们来说，它可是绝佳的美味。画眉草开花前最为鲜嫩，小动物们经常争相采食，即使画眉草枯黄了，留下的秸秆也很受小动物们的青睐。

淡淡的香味

在一些地方，人们也把画眉草称作"香香草"，这是因为画眉草可以散发出一种很好闻的清香。

23

绿色莲花——车前草

车前草是一种适应性非常强的野草，对土壤的要求不高，可以在干旱、严寒等恶劣条件下生存。

集叶成花

车前草的叶片是椭圆形的，它们直接从车前草的根部长出来，有规律地分散在根部周围，可以贴着地延伸，也可以斜向展开，还可以直立生长。叶子数量较多时，就构成了一朵盛开在草地上的绿色"莲花"。

直立生长的花序

车前草的花序一般有3~10个，它们都从根部生长出来，每个花序都有属于自己的茎秆。这些花序由很多细小的穗子组成，这些穗子从下往上排列得越来越紧密，在茎秆上组成了一个细长的圆柱，笔直地向上生长。

一草多用

车前草的幼苗是一种美味的野菜，可以做成很多口味的美食。除此之外，车前草还有很高的药用价值，人们采集车前草煎水后服用，可以起到清热解毒、保护视力的功效。

美好寓意的三叶草

三叶草并非指某一种草，而是包括很多种长着3片叶子的草。人们认为，目前最具代表性的三叶草是车轴草。

3片叶子是常态

三叶草是一种复叶植物，一般来说，它们的每条叶柄上都会有3片小叶子。但是，也会出现特殊变异的个体，它们可能会长出4片叶子，但是概率非常小。据统计，每10万株三叶草里才会出现1株四叶草。正因为如此，长着4片叶子的三叶草才会被人们看作幸运草。

我们身边的三叶草

在中国，我们最常见到的三叶草是白三叶草。它的小叶片是椭圆形的，叶子表面装饰着一条美丽的白色斑纹。到了夏季，白三叶草叶丛间会长出一根根高出叶面的茎秆，茎秆的顶端会长出由很多小花簇拥而成的球形花序。

小小草儿作用大

别看三叶草长得不高，它们的作用可大着呢！它们不仅可以绿化环境，还可以防止水土流失。此外，三叶草适应性强，易于种植，所以可以大面积种植，用来做优良的牧草。更神奇的是，三叶草还可以用来缓解牙痛呢。

长着彩色叶子的彩叶草

大自然像一个热情的画家，它用彩色的画笔在一种野草的绿色叶片上渲染出缤纷鲜艳的色彩，创造了与众不同的彩叶草。

多彩的叶子

彩叶草品种多样，每个品种叶片都独具特色。它们的叶面是绿色的，因品种不同上面分布着黄、红、紫、橙等彩色斑纹。这些斑纹有的将整片绿叶染成鲜艳的红色，有的在叶面点缀了淡黄色的繁星，还有的在叶面勾画出别致的橙色条纹……真是多姿多彩！

娇弱的彩叶草

彩叶草对生长环境要求非常高，在温度为10～30℃、阳光充足的条件下，它们才能正常生长。温度太低或者过高，都会使彩叶草叶面的彩色变淡，甚至会导致彩叶草枯萎。

热带移民

彩叶草虽然在日常生活中随处可见，公园、会场、剧院等场所都会出现它们的身影，但是，温暖湿润的热带地区才是它们真正的家。这也就不难解释它们为什么对生长环境温度的要求那么高了。

清凉的薄荷

薄荷是一种能够散发出清香气味的野草，主要生长在山野湿地。别小瞧这种野草，它可以帮助人们在炎炎夏日摆脱瞌睡的困扰。

怎样识别薄荷

薄荷高度为 30～60 厘米，通体覆盖着稀疏的小软毛。它们的茎秆笔直，有 4 个明显的棱。茎秆上分布着对向生长的绿叶。这些叶子通常是狭长的椭圆形，个别品种的叶片也会呈圆形。

清凉的气味

　　薄荷全身上下都散发着独特的芬芳气味，摘一片嫩叶尝一下，就会有一种清凉的感觉，让人神清气爽。薄荷幼嫩茎叶做成的菜品，清爽可口，令人回味无穷。薄荷还具有一定的药用价值，可以清热解毒、缓解疲劳。用薄荷叶泡茶，可以缓解流行性感冒、清心明目。

球形的花序

　　进入夏季，薄荷就要开花结果了。薄荷的花序是白色或淡紫色的，它们紧靠着叶片生长，由很多围绕着茎秆的小花组成。这些小花的花蕊特别长，像花冠里伸出来的一条条细丝，使整个花序看起来像套在茎秆上的小绒球。

叶子像羽毛的翻白草

翻白草的叶子青翠欲滴，它们懒洋洋地在草地上睡懒觉。风儿吹过来，翻白草的叶子站起来伸了个懒腰。快看，它们的背面竟然是灰白色的！

像羽毛一样的叶子

翻白草的叶子非常有特点，叶片修长纤细，边缘长有细密的锯齿，看上去就像一片片羽毛。如果把它们的叶片翻过来，你就会惊讶地发现，原来叶子背面长满了白白的绒毛，这也是它们名字的由来。

美丽的小花

翻白草的花非常小，直径只有1～2厘米。这些黄灿灿的小花有5片花瓣，每片花瓣都像一个镶嵌在花萼上的桃心。这些花瓣的底部微微下凹，在靠近花蕊的位置形成一个梅花形，使整朵小花看起来别致又精美。

可以吃的根茎

　　翻白草的根部非常肥大，外表红红的，里面的部分是雪白的。根据记载，古时候发生灾荒，人们就采集翻白草的根充饥。据说，这些肥大的草根肉质非常鲜嫩，吃起来就像鸡肉或莲藕。正因如此，翻白草也被人们称作"天藕""鸡腿"。

芳芳宜人的柠檬草

奇怪，哪里飘来的柠檬香味？这周围没看到柠檬树呀。仔细一嗅，原来是这些高大的野草散发出了类似柠檬的香味。

高大的身材

柠檬草的高度一般在 1 米左右，那些生长旺盛的柠檬草甚至会长到约 2 米。在靠近根的位置，一片片叶子簇拥着挤了出来。这些叶子长 60～150 厘米，宽度只有 1 厘米，仿佛一条条风中舞动的翠绿绸带。

奇特的香味

柠檬草是一种清香怡人的植物，这种草的全株都能散发出柠檬的香味，可以作为腌菜的香味调料，也可以为一些汤品、酒类配香，还可以用来提炼精油、制作皂用香精。

叶子可以做成茶

柠檬草的叶子经过特殊的方式处理后，可以做成柠檬草茶，也称"柠檬香茅茶"。这种散发着清香的茶可以健脾健胃，帮助消化，还具有一定的抗菌能力，能够缓解急性肠胃炎以及慢性腹泻。剩下的茶汤还可以用来泡脚，能缓解疲劳，减少脚的排汗。

喜欢阳光的甘草

甘草的生存环境非常艰苦，但它们毫不抱怨。贫瘠的土地让甘草更加坚强向上，它们开心地吸收阳光雨露，努力地在土壤里延伸根系，终于成为边疆的绿色卫士，还长出甜甜的根茎为人类造福。

认识甘草

甘草茎秆直立，高 30～120 厘米，表面布满白色或褐色的绒毛，长着很多分枝和叶片。甘草的叶片为复叶，每条叶柄上都长着 7～17 片小叶，它们形状规则、排列有序，整片叶子看起来就像一件精致的艺术品。夏季到来，绿叶丛里还会钻出一簇簇淡紫色的小花呢！

不怕艰苦

对于甘草来说，阳光普照的地方就是生长的乐园。沙漠边缘、黄土丘陵地带恰恰是阳光相对充足的地方，虽然这些地方干旱、贫瘠，但甘草毫不在乎，它们要在这里生根发芽。久而久之，甘草养成了喜光、耐旱、耐热、耐盐碱和耐寒的生长习性。

发达的根系

　　为了适应艰苦的生存环境，甘草长出了发达的根系，以获取土壤深处的营养物质和水分。甘草的根是圆柱形的，看起来就像红棕色的鞭子。这些根有着特殊的甜味，还具有重要的药用价值，可以清热解毒、祛痰止咳。

生长旺盛的空心莲子草

空心莲子草在池塘里安了家，很快就拥有了一个庞大的家族，它们拥挤地铺在水面上，霸占了巨大的空间，还争夺池塘里的营养物质，这让池塘里的其他居民非常不满。

球形的花序

远远望去，空心莲子草草丛上点缀着一个个纯白的小球，那是空心莲子草的花序。每个花序都由许多簇拥在一起的小花组成，从侧面看去，这些花序就像一朵朵小小的莲花。

茎秆像管子

空心莲子草的茎秆是不规则的方形，里面是空的，像一根管子，上面长着分枝和细长的叶片。它们刚从根部长出来的时候通常会匍匐生长，长到一定长度后，就会逐渐抬起头向上生长。

可以食用

把空心莲子草鲜嫩的茎叶清洗干净，放在沸水里焯熟，就可以用来制作美味可口的拌菜了。这种拌菜不仅清脆可口，还能够起到清热解毒的功效呢！

味道怪怪的鱼腥草

小野猫闻到一阵鱼腥味，以为周围有小鱼，它开心地嗅着气味去寻找。找来找去，根本没发现小鱼的影子，只找到了一丛茂盛的鱼腥草。

像荞麦

鱼腥草心形的叶子，看起来与荞麦叶有点像。但与荞麦不同，鱼腥草的茎秆是扁圆柱形的，叶子有些弯曲褶皱。4片白色的"花瓣"簇拥着一座金黄色的塔状花序，看起来漂亮极了！不过，那4片并不是真的花瓣，而是接近叶片的"总苞片"哟！鱼腥草的全身都会散发出鱼腥味，这让它们更容易与其他野草区分开。

可以食用

　　鱼腥草是一种具有药用价值的野草，适量食用可以起到清热解毒、健胃消食的功效。在中国南方地区，人们会采集鲜嫩的鱼腥草来调味或制作各种美味的菜肴；在日本，人们更是对鱼腥草情有独钟，他们将鱼腥草制作成药膳以及保健品。

味道虽好，可别多吃

　　鱼腥草虽然可以做成美味的菜肴，但吃多了会在口腔里留下鱼腥臭味，再加上其中含有少量的毒性，长期食用会对身体造成损伤，所以即使鱼腥草好吃，也不要贪吃哟！

高大的水生植物——纸莎草

古时候，聪明的埃及人制造出了莎草纸，并且用莎草纸作为载体，记录了丰富多彩的生活和辉煌灿烂的历史。制作这种纸的原材料就是高大挺拔的纸莎草。

茎秆顶端长绒球

纸莎草的茎秆顶端会长出一簇细长、蓬松的小叶子，这些鲜绿的小叶子蓬松地分散着，组成了一个大型的绿色绒球。仔细观察，小叶子的尖端还有一朵朵绿褐色的小花，它们正孕育着一颗颗褐色的果实。

全身是宝

对于古埃及人来说，纸莎草全身是宝，它们的鲜嫩枝叶可以食用，茎秆可以用来制造莎草纸，地下茎可以用来制作各种生活用具。不仅如此，古埃及人还用纸莎草的茎秆制造了轻便的苇舟呢。

纸莎草的模样

纸莎草是一种多年生绿色长秆草类，模样像芦苇。它们一般成丛出现，茎秆高大挺拔，可以长到4米多高，茎秆上没有分枝，也不长叶子。纸莎草的叶子从根部直接长出来，又细又高，高度可达90～120厘米，覆盖着茎秆的下部。

绿色的老虎耳朵——虎耳草

虎耳草一般生长在阴暗潮湿的环境里，如山谷背阴处、岩石裂缝间。它的叶片宽阔浑圆，叶脉上分布着一条条白色条纹，看起来就像老虎的耳朵。

石缝间的荷叶

虎耳草的叶柄细长，直接从根基部分伸出来，这些长长的叶柄配上浑圆的叶片，像极了池塘里的莲叶，因此虎耳草也被称作"石荷叶"。虎耳草的茎秆非常纤细，像一条紫色的线。这些茎秆贴着地面匍匐前进，偶尔还会生根长出新的幼苗。

夏季要睡懒觉

当周围的环境干燥、气温较高时，虎耳草就会感到不舒服，甚至会出现叶片焦边、失色的状态。在炎热的夏季，虎耳草一般会美美地睡上一觉，等到秋季天气凉爽时再继续生长。

不规则的花朵

夏季到来，密密实实的虎耳草叶间会伸出一条红色的茎。它积蓄了充沛的精力，不停地生长，远远高出了虎耳草的叶片。不多久，茎秆顶端就会绽放出一朵朵白色的小花。虎耳草的花是白色的，有5片花瓣，上面的3片非常小，不仔细观察还会以为虎耳草的花只有2片花瓣呢！

草地里的小灯笼——蛇莓

秋天，田野里的草坪上长出了一个个红色的"小灯笼"，走近一看，原来是蛇莓的果实成熟了。

匍匐生长

蛇莓喜欢温暖湿润的生长环境，经常会出现在山坡、河岸、田野等地。它们的茎秆贴着地面匍匐生长，所以被称为匍匐茎。叶子娇嫩翠绿，每条叶柄上有3片小叶，这样的叶子被称作三出复叶。这些叶子成丛出现，覆盖性强，可以在地上形成一片绿色的草坪。

果实像草莓

蛇莓的果实很像草莓，但比草莓小很多，只有指甲大小。这些小家伙通体鲜红透亮，表面分布着一个个小小的突起。它们镶嵌在梅花状的花托上，精美又别致。但是，不要随意食用这些果实，因为它们含有一定的毒素。

神奇的功效

蛇莓虽然有毒，但如果用量合理，可以起到清热解毒、收敛止血的功效，还可以用来杀虫。

有点辣的独行菜

夏天到了，田野里到处都是绿油油的。咦，前面草地上怎么还飘动着小雪花呢？原来，是独行菜开花了。这些小花连成一片，真像落在草地上的雪花呢！难怪有人会把独行菜称作"六月雪"。

怎样识别独行菜

独行菜的根部长着很多羽毛状的叶子，叫作"基生叶"。基生叶规则地分散在根部周围，组成了独特的绿色花朵。在这些叶子的中央位置，会长出一条笔直的茎秆，茎秆上分散着两两相对的叶片，茎秆顶端会开出白色或绿色的小花。这些小花孕育着一个个扁平的绿色夹子，夹子里细小的种子正在养精蓄锐。

吃起来有点辣

独行菜的鲜嫩茎叶是一种美味的野菜，吃起来口感清香，略有辣味。用独行菜的幼苗做成的菜肴可以刺激食欲，让人胃口大开。独行菜的种子具有独特的辣味，常用来制作香辛料。

独行菜的分布

独行菜不怕寒冷，甚至在喜马拉雅山地区也有分布。它们自由随性，以野生为主，田野、路旁、森林边缘都可以见到它们的身影。

小小的竹子——竹叶草

竹叶草发芽了，茎秆上抽出一片又一片翠绿的叶子，青翠欲滴。它们长呀长呀，竟然在田野里形成了一片小竹林。

生长环境

竹叶草外形像竹子，是一种多年生草本植物，喜欢温暖湿润的生长环境，一般生长在沟谷浅水或农田旁的水沟等水分充足的地方。

倾斜的茎秆

竹叶草茎秆纤细，像竹子一样分为很多节，长着竹叶般的叶子。竹叶草的茎秆是倾斜着生长的，可以分为两部分，靠近根的部分懒洋洋地贴在地面上，上面的节与地表相接后可以生根；上升的部分倾斜向上，高度可达 70 厘米，但直径仅有 3 毫米。

狭长的绿叶

竹叶草的叶子生长在茎秆两个节点中间的位置，相邻的两片叶子一左一右，错落有致。这些叶子又细又长，像竹叶一样，叶片中央有一条明显的深色直线，叶片边缘长着柔软的细毛。这些叶子把竹叶草丛装扮成一片精致的竹林，非常美观。

环保的驱蚊剂——香叶天竺葵

一只蚊子看到一株翠绿的香叶天竺葵，想要停在上面睡个懒觉。它刚要飞过去，却闻到了香叶天竺葵散发出的让它不舒服的香味，只好灰溜溜地飞向别处。

观察香叶天竺葵

香叶天竺葵是多年生草本植物，茎秆笔直挺立，可以长到 1 米左右。茎秆上长着许多细碎的叶子。香叶天竺葵的叶子是三角形的，边缘像锯齿一样。

花序像雨伞

气候变暖后，香叶天竺葵绿叶间就会点缀着玫瑰色或粉红色的花朵。花的形状像一把小伞，由许多小花组成。每朵小花都有 5 片花瓣，上面的两片较大并且带有别致的花纹。

有香味，可以赶跑蚊虫

香叶天竺葵体内含有香叶草醇、香茅醇、芳樟醇等多种芳香醇，能够散发出玫瑰、柠檬、薄荷以及多种水果的清香气味。人们经常把香叶天竺葵当作盆栽放在室内，这样不仅能净化空气，还可以驱蚊防虫，让人们能够在炎炎夏日安然入睡。

53

不起眼的柔弱斑种草

春天到了，山坡上的小草都探出头来，开心地在阳光下随风舞动，但柔弱斑种草却安静地躲在阳光微弱的角落不敢靠前，因为外面的阳光太强烈了，会影响它们的生长。

不起眼的小草

柔弱斑种草的茎秆又细又软，为了抵抗风的蹂躏，柔弱斑种草经常一丛丛聚在一起生长，或者贴着地面匍匐生长。柔弱斑种草的茎秆上长着许多翠绿的小叶子，叶子上布满了细小柔软的白色绒毛，在这些小巧的叶片间，还会点缀着一朵朵淡蓝色的小花。

种子上带着斑纹

柔软斑种草的种子非常微小，但装饰物可不少，它们的表面有类似于斑纹的突起和凹陷。

其实不柔弱

柔弱斑种草看起来很柔弱，它们的适应性却很强，田间草丛、山坡草地、路边等地都是它们生长的乐园。它们的繁殖能力也不容小觑，如果生长在田地里，它们会与农作物争抢阳光和营养物质，造成农作物减产。

55

缠绵向上的葎草

墙角下长了一株小小的葎草，它心怀大志，想攀上高墙瞧一瞧外面的世界。它每天向上爬呀爬呀，终于看到了外面多彩的世界。

叶子像手掌

葎草的叶子外形与枫叶很相近，但轮廓比枫叶更优美，像一个绿色的手掌，上面还有小小的尖刺。但是，如果在野外见到葎草，不要轻易去碰这些看起来美丽的叶片，因为它们很容易引起过敏反应。

向上爬

葎草的茎秆柔软又细长，上面还长着小小的尖刺。生长的时候，葎草将茎秆依附、缠绕在身边的树干等物体上，并且用小尖刺稳稳地抓住树干，这样它就可以一步一步地向上攀爬啦。

有性别区分

葎草是一种雌雄异株的野草，每一株葎草都有特定的性别。不同性别的葎草开花的季节有所差别，长出的花朵也不同。一般来说，雄性葎草在7月中、下旬绽放，花序为圆锥形；雌性葎草在8月上、中旬开花，花序像一个小穗子。

美丽奇特的猩猩草

猩猩草是个淘气的孩子，它向枫叶借了点色彩，把自己的几片叶子染红，没想到竟然变成了公园里最惹人喜爱的明星。

猩猩草的模样

猩猩草是一种常绿灌木，通常高0.5~2米，在亚热带地区高度可以超过6米。它的茎秆笔直而光滑，顶部有较多分枝，通体交错分布着一片片翠绿的叶子。猩猩草的叶子通常是细长的椭圆形，叶片外缘的曲线规则优美，也有些品种叶片两端大、中间小，看起来就像哑铃。

会长出彩色的叶子

到了秋季，猩猩草茎秆顶端会长出几片彩色的叶子，叫作苞片。苞片与茎秆上的其他叶子相比显得十分小巧，但鲜艳的颜色足以让它们成为众人瞩目的焦点。这些叶子以红色为主体，点缀着翠绿的边缘，叶面偶尔还会镶嵌着几点白色，就像花朵一样美丽。

花朵有性别

猩猩草花朵非常小，点缀在鲜艳的苞片中央很少被人注意。这些花朵分为雌性和雄性，雌性花朵单独位于花序的中央，一般会在雄性花朵没发育成熟前悄然绽放。

喜欢阳光

猩猩草对阳光有着无尽的喜爱，充足的光照会让它们心情大好，长出美丽的苞片。

神奇的棒叶落地生根

神话传说中，不死鸟是一种能够不断重生的奇异鸟类。景天科植物棒叶落地生根也具有类似的特点，它们可以称得上是植物界的不死鸟。

叶尖上长幼苗

棒叶落地生根的叶子是圆柱形的，通体点缀着灰色和黑色的条纹，上表面有一条稍稍下凹的沟槽，尖端长着像锯齿一样的小尖刺。这些小尖刺上会长出许多带着根系的幼苗，看起来就像叶片顶端盛开了一朵别致的小花。

花朵像铃铛

棒叶落地生根的花是红色的，长在茎秆顶端，由很多小花组成，每朵小花都像一个小铃铛。

怕冷

棒叶落地生根非常怕冷，当环境气温低于 0℃时，它们就会被冻伤，变得像果冻一样。

强大的生命力

棒叶落地生根的生命力非常顽强，只需要一丁点土壤就可以茁壮成长起来，有些个体甚至会在垂直的墙面安家落户。它们的繁殖方式也很多样，叶尖的幼苗落在泥土中可以长成新的植株，叶子、茎秆沾到泥土也可以长出根系成为新的植株，难怪人们会把这种植物叫作"不死鸟"呢。

锋芒外露的大蓟

春天到了，草地上长出了一株大蓟的幼苗，它想要和周围的小伙伴们一同做游戏，但小伙伴们都不愿意和它玩耍，因为它全身都长着尖刺。

锋芒外露

大蓟是一种比较常见的野草，田野、山坡、草地都是它们生长的乐园。它们全身上下都长着尖刺，就像锋芒外露的刺猬，这可以保护它们不被食草动物吃掉。

叶片的特点

大蓟的叶片形状与蒲公英的很像，但比蒲公英叶片更厚、表面稍微弯曲上卷，而且边缘上还长着一根根尖刺。长在根部附近的叶片比较大而且数量较多，茎秆上的叶片错落分布，通常按照从下到上的顺序逐渐减小。

花朵像绒球

从初夏开始，大蓟的茎秆顶端会长出一个个圆圆的带着尖刺的小球，那是大蓟的花。等到时机成熟，圆球顶端就会抽出一朵朵淡紫色的像线一样细的小花，它们簇拥在一起，刺球就变成了一个鲜艳的绒球，时不时会引来小蜜蜂、小蝴蝶在上面玩耍一番。

如何区分大蓟和小蓟

大蓟和小蓟外形相近，但相比之下，小蓟的叶片外缘更为规则，大蓟叶片外缘则参差不齐。

用途多样的香蒲

香蒲在池塘里扎了根，繁衍出一个大家族。它们用发达的根系保护着池塘底部的泥沙，还净化了被污染的水。池塘更干净了，小鱼、小虾纷纷游了过来，整个池塘里热闹极了。

香蒲是一种多年生草本植物，通常成丛、成片地生长在湖泊、池塘、沟渠、沼泽及河流等地。它们茎秆粗壮，叶片细长，可以长到 2 米高。人们常用高大、优美的香蒲点缀园林水景、美化环境。

茎秆上面长新幼苗

香蒲的叶丛间会长出一条条特殊的茎秆，这些茎秆上每两个相邻的节点之间距离较长，茎秆前端可以不断分化，长出新的幼苗。

随风摇曳的"胡萝卜"

夏季到来，香蒲丛里就会长出一个个褐色的蒲棒，就像一根根在香蒲丛里摇晃的胡萝卜。蒲棒虽然不能吃，但用它们沾一点油，就可以点燃当作蜡烛照明。

用途多样

香蒲全身是宝，它们的茎秆、叶片都是制作纸张的优质材料，细长的叶子还可以用来编制席子，花粉可以作为药物。另外，香蒲的嫩茎叶称为蒲菜，含有多种营养物质，可以做成各种美味的菜品。

小巧的天胡荽

花园里来了一些新成员，它们在角落里安了家，很快就形成了一片绿油油的草坪。微风吹来，它们跳起欢快的舞蹈，整个花园里都溢满了它们的清香。

别致的小草

天胡荽茎秆很纤细，匍匐生长，上面分布着新生的根系和小巧的叶片。天胡荽有的叶片还没有指甲大，但小叶结构对称，外形如花，颜色更是青翠欲滴，看起来就像一件小巧玲珑的玉器，让人无法不生喜爱之情。

可以做草坪

天胡荽的覆盖能力非常强，可以短时间内在地面铺上一层绿色的地毯，人们常用天胡荽培育草坪、绿化园林。但是，天胡荽的叶片非常嫩，轻微的踩踏就会将其破坏，因而需要人们格外爱护。

野香菜

　　天胡荽是一种绿色环保的野香菜，能够散发出独特的香味。天胡荽幼嫩的茎叶还可以用来制作美味的野菜汤，能够起到清热解毒的功效。

菜园里的杂草——藜

春天到了，菜园里长出了一株株灰绿色的藜。它们虽然是杂草，但用途也不少，幼苗可以当作蔬菜食用，茎秆和叶片可以用来饲养小动物，而且它们还有止泻止痒的功效呢。

认识藜

藜的茎秆笔直粗壮，上面分布着很多绿色和紫红色的色条，长着很多斜着向上的分枝。藜的叶片为菱形，边缘分布着参差不齐的锯齿。叶片表面看起来就像盖着一层短小的软毛，摸上去也不光滑。

彩色的嫩叶

个别品种的藜茎秆顶端会长出紫粉色的嫩叶，远远看去就像它们的花朵。随着生长，嫩叶的颜色会逐渐向灰绿色过渡，长成后变成表面灰绿色、下面紫粉色的叶片。

随处可见的杂草

藜是一种常见的杂草，适应性非常强，在农田、菜园、城市角落土地等地都能见到它们的身影，在菜园里最为常见。它们与青菜幼苗一同萌发，如果不将它们铲除掉，它们会迅速生长，成为 30～150 厘米的高大野草，影响其他菜苗的生长。

清香的紫苏

除了薄荷，野地里还有另一种能够发出奇特香味的野草——紫苏。
与薄荷相比，紫苏更容易辨认，因为它有着高大的外形和独特的叶子。

对环境的要求

紫苏喜欢温暖湿润的生长环境，种子在 18～23℃的条件下比较容易发芽。紫苏可以抵抗一定范围的低温，其幼苗在 1～2℃的环境中也可以生长，但生长速度非常缓慢。

独特的茎秆和叶子

紫苏通常高 30～200 厘米，它的茎秆有棱，具有 4 个面，每个面上都分布着一条明显的凹陷。紫苏的叶片宽阔肥大，总体近似圆形，叶尖处比较长，叶片外缘像锯齿一样。

可以做成多样美味

紫苏能够散发出一种清香的气味，在很多国家都是受人推崇的美食。中国人采集紫苏的幼嫩茎叶当作蔬菜，做出清香爽口的菜品；日本人将紫苏用于料理搭配，做出口味别致的生鱼片；越南人将紫苏当作调味佳品，炖出了鲜美可口的汤品；韩国人将紫苏与辣椒共同泡制，做成味道鲜美的泡菜。

叶子独特的元宝草

元宝草是一种常见的杂草，具有一定的毒性，如果误食了元宝草，可能会引起中毒现象。但是，如果服用合理，元宝草可以起到祛风止咳、清热解毒的功效。

叶子包着茎秆

元宝草的茎秆笔直挺立，可以长到 60 厘米以上，长着很多分枝。在光滑的茎秆上，每隔一段位置就会长出两片椭圆形的叶子，每片叶子长 3～6 厘米。元宝草的叶子是包着茎秆生长的，看起来就像茎秆穿透了叶片，元宝草也因此被称作"穿心草"。位于茎秆顶端的叶子更有特点，它们两片贴在一起，和下面展开的叶子刚好构成了一个绿色的元宝。

开花有顺序

元宝草的花是金黄色的，每朵花有5个花瓣，形状和梅花差不多。它们都位于茎秆末梢，大部分都簇拥着生长。这些花很"谦让"，它们总是让中央的那朵先绽放，周围的花朵再依次绽放。

果实的妙用

元宝草的果实就像一个小的橄榄球，长度约为7毫米。但是，不要小瞧这些小家伙，它们可是治肺病、百日咳的良药。

苞片像风车的水蜈蚣

水蜈蚣是一种多年生草本植物，喜欢温暖湿润的生长环境，经常成丛生长在旷野湿地和水田。它貌不惊人，但本领很大，是一种功效神奇的草药。

蜈蚣一样的根状茎

水蜈蚣长在泥土里的茎秆形状像根一样，被称作根状茎。水蜈蚣的根状茎又细又长，表面覆盖着一层褐色的鳞片，像蜈蚣一样分为很多节。

茎秆排成行

水蜈蚣的茎秆由根状茎的节上长出来，按照根状茎的延伸方向再排成一行。这些茎秆纤细矮小，只有 7~20 厘米高，旁边包着一片片细长的叶片，茎秆顶端会长出黄绿色、像绒球一样的花序。

苞片像风车一样

　　苞片是长在叶片与花序之间的叶子，能够保护花序和果实。水蜈蚣的苞片有3片，又细又长，规则地分散在花序下，通常会向下反折，就像正在迎着风转动的绿色风车。

可以做药材

　　水蜈蚣刚长出来的鲜嫩小苗能够散发出一种独特的清香，采集这些小苗，用水煎服，可以清热止咳，治疗风寒感冒。水蜈蚣还具有一定的杀菌驱虫功效，用来治疗疟疾、痢疾效果非常好。

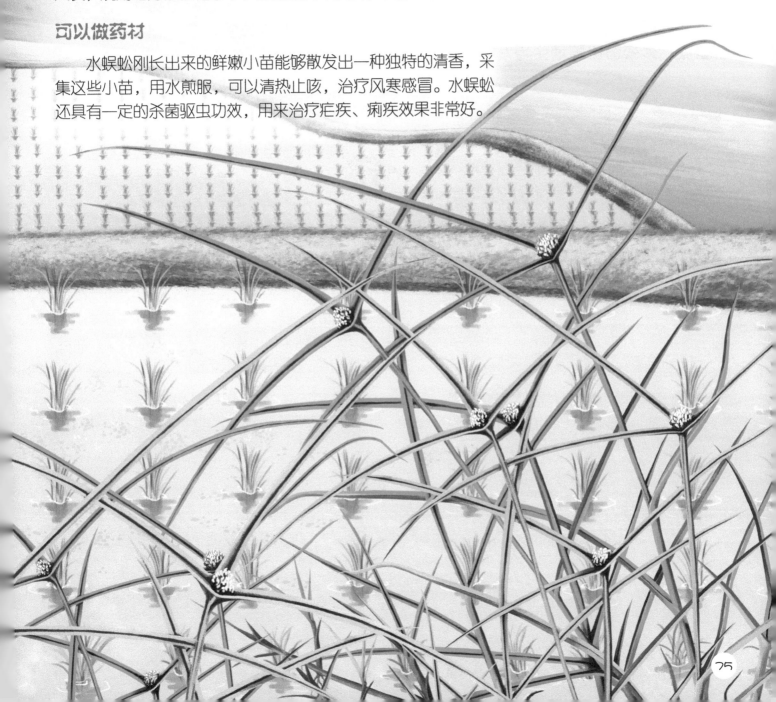

高大的龙蒿

　　龙蒿的果实成熟了，看起来就像一串串的小铃铛。这些小家伙有着绿色的外壳，顶部还长着黄褐色的小绒毛，看起来非常精致。只要条件适宜，它们可以在山坡、草原、沙漠边缘等地生根发芽，茁壮成长。

看起来像灌木

　　龙蒿通常高 1 米左右，高的可以长到 2 米以上。龙蒿的茎秆通常为褐色或绿色，表面分布着一条条纵向的棱，下部就像树干一样坚硬，它们从龙蒿的根部长出来，使龙蒿看起来像一丛生长旺盛的灌木。

叶片有差别

　　龙蒿底部的叶子较大，通常是细长的椭圆形。当龙蒿开花的时候，这些叶子就会逐渐枯萎掉落。相比之下，龙蒿中、上部的叶子较小、较窄，而且顶端也比较尖，像一把把绿色的长剑。

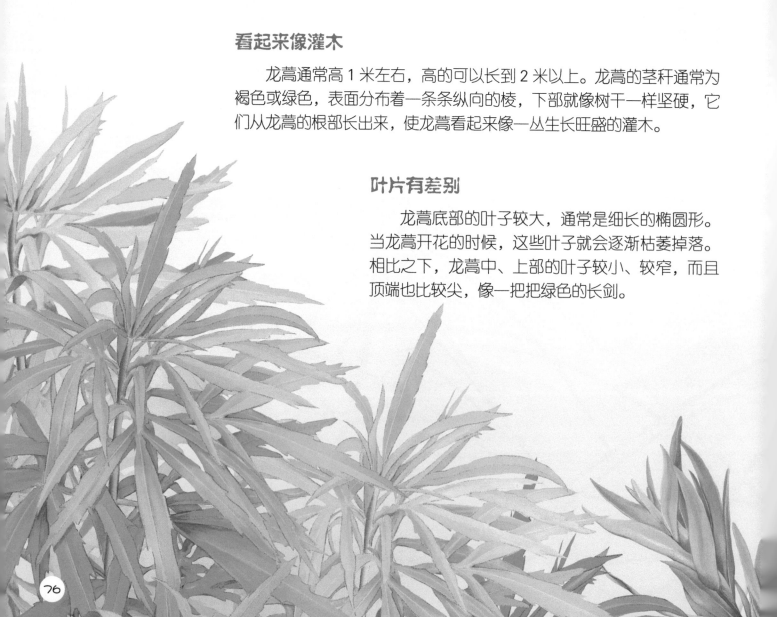

可以作调味品

龙蒿的鲜嫩幼苗能够散发出一种浓烈的清香，小动物们不喜欢这种气味，因而它们很少采食青绿的龙蒿。但是，人们对这种清香情有独钟，经常会采摘龙蒿的鲜嫩茎叶当作调味品，用于搭配各种料理，调制美味的汤品。龙蒿的根有强烈的辣味，采集龙蒿的根晒干磨成粉末，可以代替辣椒作调味品。

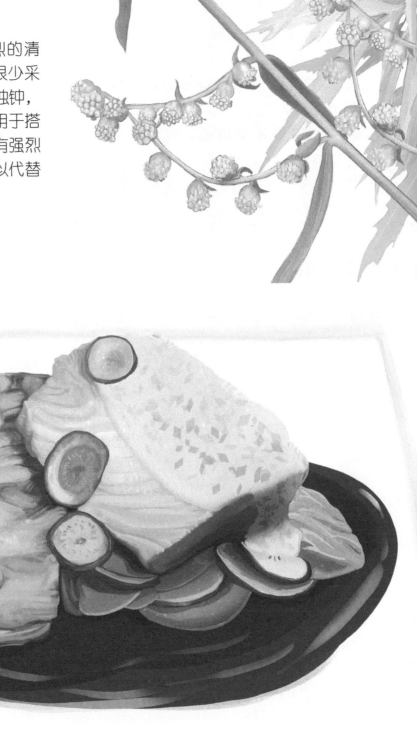

神奇的龙珠草

龙珠草旁边的地面上散落着一粒粒细小的种子，它们会在春天萌发出嫩芽，长成新的龙珠草。

龙珠草的外形

龙珠草高 10～60 厘米，主要生长在温暖湿润、土壤肥沃的地方。龙珠草的茎秆笔直，通常为绿色或浅棕色，靠近根部的部分长着很多倾斜向上生长的分枝。龙珠草的叶片翠绿，叶轴的两侧规则有序地排列着很多片长椭圆形的小叶片，像羽毛一样美丽。

叶片下面有秘密

龙珠草的叶片不仅美丽，还藏着秘密呢！到了夏季，一朵朵淡黄色的小花就会在龙珠草的叶片下面悄悄绽放，并且孕育出一个个别致的果实。

球形的果实

　　龙珠草的果实圆润饱满，像一颗颗藏在叶片下的小珠子，龙珠草因此又被称作"叶下珠"。刚结出来的龙珠草果实是翠绿色的，表面长着很多小凸刺。成熟后，龙珠草果实就变成红褐色或红色，开裂后还会露出里面小小的种子。

可以食用

　　龙珠草是一种无毒的野草，可以药用，也可以直接食用。人们经常采集龙珠草，将其晒干，用来缓解腹泻、夜盲等病症。用鲜嫩的龙珠草茎秆和叶片做成的天然蔬菜，风味独特，还可以起到清热解毒、健胃消食的功效。

会流血的血草

据说，曾经有一位游客在神农架的山野里徒步旅行，突然他发现自己的鞋子上到处都是"鲜血"。他停下来仔细察看，自己并没有受伤。经过一番观察他才发现，鞋子上的"鲜血"其实是血草的汁液。

红色的草

血草高 30～50 厘米，成丛出现，茎秆光滑无毛，也没有分枝。与常见的其他野草不同，血草的叶子是深红色的。如果将血草的叶片折断，里面就会流出像人血一样的鲜红汁液，它也因此得名。

根部可以做药材

血草的根可以当作草药，用来治疗跌打损伤、外伤出血等症状，效果奇佳。